美滿婚姻課程

領袖指南

如何建立一個健全永久的婚姻

美滿婚姻課程——領袖指南

The Marriage Course – Leaders' Guide（Traditional Chinese Version）

出版者：AAP Publishing Limited
地　址：13/F Methodist House, 36 Hennessy Road, Wanchai, Hong Kong
電　話：852-21319781
傳　真：852-31151331
E - mail：publishing@alphaap.org
網　址：www.alphaap.org
編　製：道聲出版社
地　址：106臺北市大安區杭州南路二段15號
電　話：02-2393-8583
傳　真：02-2321-6538 02-2321-9645
E-mail：book@mail.taosheng.com.tw
網　址：www.taosheng.com.tw

ISBN 978-988-17062-3-2
Printed by Taosheng Publishing House in Taiwan

目錄

附錄

A：包含哪些方面？

1）課程宗旨

在英國，每五宗婚姻裏，就有兩宗是以離婚收場；其中有35%的離婚個案是發生在婚後的六年裏，這證明了婚姻的機制已經受到威脅。有人建議說應該摒棄傳統持久性的婚約，改以別的儀式來取代，而那些儀式會使結合和離異更為簡易。

但是，婚姻仍然是社會穩定的重要基礎。婚姻就是上帝所賜、最理想家庭生活的基礎，尤其是因為孩子們可以從父母親的承諾中，更好地學習什麼是忠誠和愛的關係。

許多人在還不了解怎樣建立婚姻模式之前就進入婚姻。他們缺少一些能幫助他們維持感情的工具。他們即使住在一起，充其量也只是生活在同一屋簷下，但兩人之間的親密關係卻蕩然無存。他們認為求助是件難為情的事，或者他們根本不知道上哪兒尋求幫助。

基督教有很多可行的方法。聖經不但為婚姻下了定義，它也教導我們如何建立一個永久的婚姻。我們的社會極為需要、也漸漸地在追求聖經所說的鞏固關係的原則。

美滿婚姻課程的目的是幫助夫婦建立一份健全並能持久的婚姻關係。透過兩人共處的八個晚上，他們將認識對方、也認識自己全新的一面。他們會有機會討論那些隱藏在忙碌生活底下、懸而未決的問題。他們會發現什麼能讓配偶感到被愛。他們將有時間討論那些使對方痛心的行為，並學習如何醫治傷痛。他們也能認識夫妻關係裏的壓力來源。

有些人能學到如何與人溝通和化解衝突的新技巧。另一些人則改變了他們的生活方式，以讓他們的婚姻更為美滿。在過程中，夫妻之間的感情將更加親密。

夫妻之間的隱私必須被尊重。所以，在課程中不會要求他們把隱私透露給第三人。但夫妻間應當彼此交流。

布普頓聖三一堂自1996年9月起便開發了這套美滿婚姻課程。我們每年開辦三次課程，至今已有超過一千對的夫婦完成了本課程。經驗一再地告訴我們，任何一種婚姻關係都能從本課程得堅固，其關鍵是夫婦雙方都預備好共同為關係努力。

美滿婚姻課程的設計可讓許多的夫婦或一到兩對夫婦在家裏使用。我們的期望與禱告是能設立更多的課程，讓世界各地的夫婦都能找到他們所需要的幫助與勉勵，以便建立他們的婚姻。

2）誰適合上這課程？

美滿婚姻課程是為那些願意一起致力於婚姻關係的夫婦所設的。參加這課程的夫婦有的結婚不到兩年，有的結婚超過了三十年。

對於婚姻關係鞏固的夫婦來說，這課程也能帶給他們益處和樂趣。這課程能幫助婚姻關係正面臨困難的夫妻，在引導與建設性的方式下，與彼此重開溝通大門。一些已分居或離婚的夫婦，也能使用這課程作為嘗試復合的途徑。

雖然這課程強調與解釋了婚姻的獨特屬性，但我們仍然歡迎同居的伴侶來參與。對於那些交往不到兩年而正在考慮結婚的男女朋友，我們鼓勵他們參加另一套婚姻預備課程。

這課程是根據基督教的原則且由基督徒帶領，但是它仍然非常適合非信徒或從沒上過教會的人。在第三課時我們用自己的經驗來闡述，如果把上帝放在夫妻關係的中心，那麼婚姻絕對會與眾不同。

來上課的非信徒也經常為他們所聽到的內容而感興趣、受吸引。他們不需要做或說任何與信念有所衝突的事。對於這類讓教會有機會作第一次接觸的夫妻，我們會在他們修完美滿婚姻課程後，邀請他們參加啟發課程。(註1)

3）課程設計

課程期間：這套課程需要八個晚上來完成（包括美滿婚姻課程晚宴——如下所述）。為取得最佳效果，至少前四課必須每星期連貫地進行。剩下的四課可以每兩星期進行一次，那麼夫婦倆就有更多時間來應用課程中所學到的原則。整個課程有足夠的時間讓夫妻關係產生真正的變化。壞習慣能被擺脫，讓好習慣取而代之。

作業：在課與課之間的空檔，夫婦倆能夠把所學的應用到實際生活中。每一堂課都包括一些作業，以及我們鼓勵來賓帶回家完成的練習，藉此幫助他們以建設性的方式繼續交流。

美滿婚姻課程晚宴（第八課）：課程的第八晚（最好是在第七課的兩週後）是個晚宴。在宴會中，修完課程的夫婦可以邀請其他夫妻來享受一個輕鬆的夜晚。夫妻們會坐在一起享用晚餐。在咖啡和茶還沒上桌之前，會進行關於如何促進婚姻成功及美滿婚姻課

註1：啟發課程是為沒有參加教會崇拜的人和新信徒所設的。它是實際介紹基督教信仰的一系列課程，每系列有15課。

程簡介的演講。參與本次課程的夫婦中，會有三或四對夫婦接受採訪，並分享他們的婚姻如何從本次課程中得益。所有來賓都會收到一份邀請函，邀請他們參加下一屆的課程。

宴會的宗旨是讓教會裏每個已婚或單身的人，都能有效地去邀請已婚夫婦來共用一個歡樂的晚宴，並有機會接觸到這課程的簡介。這個晚宴可以在下一套課程開始前幾個星期舉行，以便吸引更多來賓參加。

費用：課程的費用包括餐食與教材。我們會在來賓報名時要求他們繳清費用。（備有資助金可供申請，一些夫婦在報名時會捐助這份資助金。）

這種收費方式能減少每晚收費的麻煩，並且能鼓勵來賓們有更大的意願來完成整套課程。若收費讓人卻步或者使人反感，則可考慮鼓勵來賓在出席課程時，自願捐助他們自己所享用的餐食。

缺席者：如果一對夫婦不能出席夜課，我們會把當晚的演講錄音帶送給他們（課程主領應事先購買這些錄音帶）。他們所償付的餐食費已包括錄音帶費用在內。

4）房間佈置（見附錄一）

環境是課程成功的關鍵。悉心注意細節會讓來賓們十分讚賞，也會讓他們覺得自己的婚姻是受重視的。來賓抵達之前，房間應已佈置妥當。必須營造熱情好客的氣氛，讓來賓們感到輕鬆和安全。

在靠近大門口處放置報到桌，桌上備有來賓的名單以便進行點名、領取美滿婚姻課程來賓手冊和名牌（出席者眾多才有此需要）。

房間裏必須放置小桌子（足夠讓一對夫婦使用）、桌布、餐巾和蠟燭。每張桌子之間必須有足夠的空間讓每對夫婦暢所欲言，不必擔心隔牆有耳。如果課程在家裏舉行，每對夫婦可在較長的討論時段裏使用不同的房間，以便有足夠的隱私。如果有足夠的空間，可在房間的前方排列一些椅子，讓來賓在這裏聆聽初步的演講和作短暫的休息。或者，他們也可在整堂課程中坐在桌子旁。

用餐席間和夫婦在桌上做書面練習及交談時，可用低照明的燈光（除了演講時間）和音樂伴奏。

音樂系統和音樂的選擇，必須注意音量和聲音的分佈適中，讓每一對夫妻都能聽到彼此說話的內容，又不必擔心被另一對夫婦聽到（參附錄二：適合的音樂──範例）。

把所推薦有關婚姻的書籍展示出來。最簡單的方式是只展示樣本和訂購表格，請來賓先預訂好之後，下一堂課即可送出或收集。（見附錄五的好書推薦）

5）夜課結構（1-7課）

包括用晚餐的時間在內，整個晚上約需兩小時又四十分鐘，但也可以縮短演講的時間。

迎接來賓：當來賓抵達時，至少要有一位主領者對他們表示熱烈的歡迎，並把美滿婚姻課程來賓手冊分發給他們。如果有超過四、五對夫婦來上課，名牌可幫助識別。在來賓互作介紹時，提供非酒類的冷飲。很多人都對第一晚有所顧慮，熱烈的歡迎能使他們安心。

晚餐（35分鐘）：這會影響整個晚上的果效。來賓可選擇夫妻單獨坐席或與其他夫婦共用一張亮著燭光的小桌子，享用愉快的一餐。有些桌子設了兩人座位，其他的則可坐四人或六人。（對於在家進行的小型課程，夫婦們圍在一張桌子共餐，或安排自助式的用餐形式，視規模和該屋子的擺設而定）。他們只有一道主菜，咖啡、茶和甜品則在稍後享用。

很多上過本課程的人都說，這頓晚餐讓人感覺像夫婦間一次特別的約會。不過，即使無法安排用餐，這課程仍然可以進行，只要來賓在抵達時有飲料潤口、在稍後（長時間討論）有食物可以享用就行。

課前提示及檢討（最多10分鐘）：我們先從課前提示開始，然後檢討上一堂或多堂課。在上第一課時，每對夫婦都可選擇是否願意向另一對夫婦分享他們在哪裏認識、是什麼讓他們互相吸引的，不只是身體上的，也包括其他方面的吸引力！這是唯一的一次我們要求他們向另一對夫婦透露個人資料，但必須強調這是可選擇的，只為了增添一點情趣，來賓們不能故意為難配偶。

從第二課開始，夫妻們要彼此分享他們所記得的上一課內容，而對他們特別重要的事是什麼。

到了第七課，每人都要填寫問卷，以回顧檢討整個課程。

演講（30至60分鐘）：以幽默的話題開始每次的演講，期間必須分段隔開，讓丈夫與妻子能有機會一起交談，有時用練習來幫助他們交談。（這種夾在演講之間的休息段落約5至10分鐘左右，來賓留在原位。）

演講可以用預先錄製好的影片來進行，好處是可以給予明確的指示讓夫婦討論一個課題，以及決定何時暫停和暫停多久。

見證（5分鐘）：一對修完本課程的夫婦會談到這課程為他們的婚姻帶來什麼影響。第一屆的課程則可以使用街頭採訪和見證的影片來完成。

長時間討論（在桌子旁）（30至40分鐘）：在本階段的夜課，每對夫婦都需要一張桌子。現場有背景音樂。如果課程是在家庭中進行，夫妻倆可能需要去個別的房間討論，以便有足夠的隱私。他們必須做本課程的相關練習，每個人要寫下自己的想法，然後一起討論他們所寫下的。

主領者和其他助手要儘快準備，並分遞咖啡、茶、餅乾、巧克力糖或水果等，讓來賓夫婦花大部分的時間在一起，不被干擾。

在做練習時經常會涉及一些私人的問題，而且可能會有情緒激動的情況出現，所以保護隱私非常重要。

結語和禱告（10至40分鐘）：來賓們繼續留在原位（當然，如果他們是在不同房間則另當別論）。

每一課結束後，必須鼓勵來賓安排未來一星期的「婚後時間」。從第三課起，他們可以為自己的配偶禱告，或以其他形式表示對彼此的支持。

結束時主領為當晚作簡短的結束禱告。有些夫婦可能想留下來繼續與對方或與主領們討論問題。注意，要記得提醒其他夫婦可以自由地離去。

B：課程組織

1）課程主領

美滿婚姻課程應該由一對基督徒夫婦主領，這對主領的夫婦必須為那些在婚姻問題裏掙扎的人給予同情，並且渴望看到夫妻關係得以鞏固。他們必須得到教會領袖的支持。如果他們想自己演講，那麼他們需要具有帶領小組的經驗，並願意公開分享自己的婚姻經驗。

重要的是，主領必須事先研究所有的材料，並以來賓夫婦的身分做完所有練習、討論所提出的問題，並力求將本課程的原則應用在自己的婚姻裏。我們建議他們與一或兩對熟識的夫婦，一起使用課程影片來修完整個課程。他們必須委身，繼續鞏固建立自己的婚姻，也願意為鞏固他人的婚姻負責。在他們開始主領課程之前，他們夫妻之間不應該還有尚未解決的重大問題。

主領在帶領時往往能鞏固自身的婚姻，因為透過兩人一起工作，可以經常提醒他們要注意的重要原則，但他們本身的關係在課程進行時也會經常受到壓力。因此，重要的是必須安排其他人為他們代禱，他們自己也需要求助的管道，並得到鼓勵和支援。

較大型課程（約10對以上的夫妻）的主領，需要有至少一對成熟的基督徒夫婦支援他們，當來賓有需要時可提供具體的幫助。這些支持的夫婦們也應該修完美滿婚姻課程，並且能夠在本屆課程裏作見證。這將幫助來賓可以更認識他們。與個別夫妻交談的目的，是為了幫助他們把這些從課程中學到的原則應用在自己的狀況中。

2）專業協助

如果夫妻間的問題已超越主領本身的經驗和訓練，或超越了團隊的能力，主領應該知道何時建議雙方到何處尋求專業協助。這可能是來賓童年的受虐或有複雜的性問題，而需要尋求輔導的個案。（請參考《婚姻手冊》所推薦的一些機構，它們可以協助尋找當地的輔導員。）同時也可以把這些機構詳情和收費（若有的話）的資料單放在書籍展示桌，讓有意私下尋求專業協助的夫妻自由取閱。

3）工作小組

課程工作小組支援下列各方面的工作，包括：

- 佈置房間
- 準備餐食
- 在來賓抵達時歡迎他們
- 招待餐食
- 收拾和清洗
- 在餐後把桌椅恢復原位
- 有需要時重新點燃蠟燭
- 以咖啡和茶待客
- 負責背景音樂的開關

工作小組的人數視課程規模而定。即使是只有兩三對夫婦的課程，有了工作小組的協助，主領就可以把全副注意力放在參與課程的每對來賓身上。

在第二屆和以後的課程，參與往屆課程的來賓可能被邀請來協助一個或多個夜課的進行。許多夫婦都很高興能有機會給予回饋以及再次聽取某次的演講。

美滿婚姻課程晚宴則需要較大的工作小組，負責招待晚餐（兩道菜）、清理和招待茶和咖啡等事務。

4）所需的資源

- 美滿婚姻課程領袖指南
- 為每個來賓準備美滿婚姻課程來賓手冊（每對夫婦兩本）
- 美滿婚姻課程影音資料（內有演講、見證和圖表）
- 美滿婚姻課程街頭採訪和見證影片（那些進行現場演講者可能會使用預先錄製的見證）
- 美滿婚姻課程講員筆記和CD筆記放映（如進行現場演講）
- 當夫婦錯過任何一堂課時，給予錄音帶
- 李力奇和李希拉所著之《婚姻手冊》（啟發國際，2000年）
- 音樂（適合的音樂，建議曲目見附錄二）
- 桌椅
- 桌布、蠟燭、燭臺和餐巾
- 食物、咖啡和茶的沖泡設施
- 放映PowerPoint或投影器材（並非必要，但有助於展示CD上的圖表）
- 講桌或其他形式的架子以放置講員筆記（在較大的課程裏，當講員需要站著發言時可使用）

5）準備帶領夜課

本課程可使用錄影帶來進行。錄影帶在丈夫和妻子正在討論問題時必須暫停片刻。暫停的指示均有明顯的標誌。中斷時間為5至40分鐘。在事前或許應該檢查錄影機在自動關機之前，可以暫停多久。

如果是由你自己演講，最好至少在一個星期之前就開始準備。（演講的講員筆記會放在CD上。你可以加入你從自己的婚姻中整理出來的圖解說明，也可以縮短筆記。）

我們發現以下作法對於夫妻一起準備夜課非常有效：

- 以禱告開始你們的準備工作。
- 觀看錄影帶或聽錄音帶上有關那一課的材料，並閱讀《婚姻手冊》裏的相關章節。
- 討論進行該次夜課的計畫和你們可能關切的任何問題。
- 決定由誰做每一節的演講。
- 決定分享自己的哪些經驗。
- 調整講員筆記（若用CD），並加入從自己的婚姻中整理出來的圖解說明。
- 彼此討論並確保雙方都同意所要加入的資料。不要把任何會冒犯、貶低或讓你的配偶感到難過的資料包括在內。
- 確保你們對所用的材料感覺良好，並且非常熟悉各個練習。

如果有另一對上過美滿婚姻課程的夫婦要作見證，最好能在事前跟他們討論過，讓他們作好準備。見證的主要目的是要從這對夫婦的自身經驗來說明本節課所帶來的益處。它應持續約五分鐘。採訪他們的目的是讓主領來指導他們的言論、並且在有必要時限制他們談話的時間。夫婦兩人都應該有機會說話。在事前找出本節課對這對夫婦的婚姻所造成的影響，根據這原則來問一些個人化、並對來賓有幫助的問題。（自然的幽默感很管用）一些可作參考的問題是：

- 你為什麼來上美滿婚姻課程？
  或：當你在上課之前，你會如何形容你的婚姻？
- 你在上這節課時經歷了什麼事？
- 從那時開始，對你的婚姻關係造成什麼影響？

6）回饋

我們已擬好了一份問卷，並會在第七課時（參附錄四）分發給每個人。這問卷可讓來賓回顧檢討課程、也為主領提供了有用的回饋，讓他們了解如何使下一屆課程更為有效。

7）課程的推廣

在參加美滿婚姻課程時，我們需要消除羞恥的感覺。我們不是承認婚姻失敗，也不是表示婚姻陷入困境。事實上，今天很多人去上課進修，是為了提高他們在管理、電腦、機械方面的技能，而美滿婚姻課程就是一個鞏固婚姻的課程。

你可以在你的教會或在當地社區舉辦這個課程。不論情況如何，所傳達的訊息是一樣的：「美滿婚姻課程是為那些已婚人士而設的，目的是幫助他們在婚姻中獲得最大的益處。它是基於基督教的原則，但也很適合非信徒。它教導夫妻一起成長的技巧，並加深他們親密相處的程度。而且非常有趣！」

對參加課程的夫婦明確解釋他們無須向任何人透露任何有關自己婚姻的狀況，但鼓勵他們彼此交談。

最好每年能舉辦兩屆或三屆課程，這非常有效，因為大部分來賓都是被那些已經修完課程的夫婦介紹來的。

在第一屆課程結束後，如果一對完成課程、並從中享受和受益的夫婦能在主日崇拜時作見證，將會鼓勵其他夫婦來上課。注意所提的問題，不要侵犯到作見證的夫婦隱私：

- 你為什麼決定去參加美滿婚姻課程？

・你上課時經歷了什麼事？
・這課程是否對你的婚姻有益處？

擬定計畫來宣傳你的課程。至少在課程開始前八個星期即著手策劃。印好邀請函（參附錄三），並鼓勵人們把這些邀請函送給朋友。詢問是否可以在你的教會或在鄰近的教會聚會時作宣傳。如果你已準備好向更廣泛的群眾傳達這資訊，可使用當地報紙、學校或醫生診所作宣傳。

課程晚宴可以在第一屆課程開始前幾個星期舉行。在晚宴上可以把邀請函分發給任何夫婦和已婚或單身的人士，並鼓勵他們邀請已婚的朋友參加。

8）加入課程

如果你有意想舉辦美滿婚姻課程，請透過布普頓聖三一堂美滿婚姻課程，Brompton Road, London SW7 1JA聯絡我們，或登錄我們的網站themarriagecourse.org，好讓我們可以提供援助，並將住在你附近、曾來洽詢本課程的夫婦介紹到你那裏去。

C：概述和每次夜課時間表

第一課　建立穩固根基

1）概述

婚姻裏的親密感必須加以培育。我們必須撥出時間，儘量相處在一起，並了解對方的需要。本課要求夫婦審查他們的生活方式及其對婚姻的影響，並且更多地了解對方的需求和欲望。

2）資源

婚姻手冊——第1節
美滿婚姻課程——錄影帶1，第一課
美滿婚姻課程——錄音帶1
美滿婚姻課程講員筆記和CD筆記放映　第一課

3）核對清單

每位來賓各一本來賓手冊
投影器材、投影螢幕和課程錄影
（演講和／或街頭採訪和見證）
音樂　——用餐時間
　　　——討論時間
　　　——結束
名牌
適當的燈光

飲料
食品
茶、咖啡和點心
桌子、桌布和椅子
餐巾、蠟燭和燭臺
多支備用筆
書籍展示桌
講員講桌
來賓出席名單
視覺教具（現場演講，第一課）：
　——幾張彩色紙（單獨一張和粘在一起）
　——一瓶水，玻璃杯和托盤
投影器材——只在現場演講用（可選）
投影器材或CD放映——只在現場演講用（可選）

4）時間表

自傍晚6:30起　準備妥當！（來賓往往在第一個晚上提早抵達）歡迎，並提供飲料

7:00　用餐

7:35　課前提示

- 「請在你的手冊上寫下你的名字。」
- 「如果你在上課時有任何疑問，請告訴我們。我們或另一對夫婦將很高興地在私底下和你見面。」
- 「如果你在其中一個晚上不能來，請讓我們知道，我們會把錄音帶拿給／寄給你。」
- 「放輕鬆！在下一個練習之後，你不需要向任何人透露關於你們婚姻關係的私人資料。」
- 「為了增加一點情趣，只要你願意，你可以告訴另一對夫婦，你們在哪裏認識、對方最初吸引你的是什麼（除了身體特徵外的其他方面）？」

7:45　演講：婚姻是什麼？

8:10　見證（現場或從美滿婚姻課程街頭採訪和見證影片──錄影帶1，第一課）

8:15　練習：檢測你的婚姻（在桌旁）

8:45　提前5分鐘通知後，再開始下一段演講

8:50　演講：撥出時間給對方

9:05　告訴配偶，兩人在一起最值得回味的情景，包括時間、地點和當時在做什麼

9:10　演講：彼此培育滋潤

9:20　練習：知己知彼

9:30　結語

- 解釋和鼓勵來賓做作業
- 給夫婦約3分鐘時間安排下星期的「婚後時間」

9:35　以簡短的禱告作結束，如：

「主啊，謝謝祢，因祢是慈愛的上帝。請幫助我們越來越愛對方。但願我們彼此越來越了解對方的需要，並在這個星期內的每一天都設法滿足這些需要，也藉此向對方表達我們的愛。阿們。」

第二課　溝通的技巧

1）概述

傾聽是一種技巧，必須學習以便鞏固我們的婚姻。夫妻在這一堂課裏學習如何交流感情，和有效地彼此聆聽。

2）資源

婚姻手冊——第2節
美滿婚姻課程——錄影帶1，第二課
美滿婚姻課程——錄音帶2
美滿婚姻課程講員筆記和CD筆記放映——第二課

3）核對清單

參照第一課

備用美滿婚姻課程來賓手冊
（萬一來賓忘了帶，可供來賓借用）
主領夫婦的其中一位在事前想好一個課題，讓你們在現場示範有效的聆聽技巧
主領做示範時所需的兩張椅子
主領做示範時所需的一條手帕或餐巾

4）時間表

傍晚6:45開始 以飲料迎接來賓

7:00 用餐

7:35 課前提示／檢討

- 「請在每一課都把手冊帶來，我們有備用的手冊借給忘記帶來的人使用。」
- 「如果你在上課時有任何疑問，請告訴我們。」
- 提醒來賓「婚後時間」的重要性。
- 提醒來賓「了解對方渴望」的重要性：「我們不能假設我們的渴望是相同的。我不能假定我知道我伴侶的渴望。我不能假定他們本能地知道我的渴望。」
- 「在沒有翻開手冊的情況下，告訴你的配偶他們的三大渴望是什麼，就是你們在第一課的知己知彼練習中對方所寫的，看看你記對了沒有。」
- 「問你的配偶，在第一課中，哪些內容對他們是最重要的？」

7:45 演講：引言──有效的溝通──交談的重要性──聆聽的重要性

8:00 練習：聆聽的大能

[8:04 回饋：根據練習中的前兩個問題，來收集所有人的簡短答案（只限現場演講）]

8:05 演講：聆聽的障礙

8:25 練習：一個重要的回憶

8:30 演講：有效聆聽的原則

8:35 主領示範如何有效聆聽

- 在上課前，主領夫婦的其中一位要先想好一個兩人從未談過的課題（不要選一個會傷害配偶或令配偶尷尬的課題）。
- 這個人手持手帕或餐巾，提醒你們兩人這是誰的問題。

- 使用那五個有效聆聽的原則，示範什麼是有效的聆聽（如錄影帶和錄音帶上所說的）。

8:45	見證（現場或第二課之錄影帶）
8:50	練習——有效的聆聽（桌子旁）
9:25	結語
9:35	給夫婦3分鐘時間安排下星期的「婚後時間」
9:38	以簡短的禱告作結束，如：

「主啊，謝謝祢經常聆聽我們的禱告。請幫助我們善於聆聽對方，讓我們對彼此的了解和支持能夠有所長進。阿們。」

第三課　化解衝突

1）概述

夫妻間的問題如果可以一起解決，將可以鞏固婚姻。他們若能互相表示讚賞、相互承認彼此在脾氣上的不同、學習怎樣化解這些不同，並彼此禱告，就可以幫助他們更親密地在一起。

2）資源

婚姻手冊——第4節
美滿婚姻課程——錄影帶2，第三課
美滿婚姻課程——錄音帶3
美滿婚姻課程講員筆記和CD筆記放映——第三課

3）核對清單

參照第一課

備用來賓手冊

4）時間表

傍晚6:45開始 以飲料迎接來賓

7:00 用餐

7:35 課前提示／檢討

- 「告訴你的配偶，在上個星期裏，他們有哪一次符合了你在第一課練習二知己知彼中所列下的其中一項要求。」
- 「告訴你的配偶，你自己在上個星期學到了什麼？」

7:40 演講：引言──表達對彼此的欣賞

8:00 練習：表達欣賞

8:10 演講：認識差異

8:20 練習二：認識你們的差異

8:30 演講：協調衝突

8:40 見證（現場或第三課的錄影帶）

8:50 練習三：改變我們的行為（桌子旁）

9:15 提前5分鐘通知後，再開始下一段演講

9:20 結語：學習一起禱告

9:35 讓夫婦選擇：

- 告訴配偶一件事並要求對方為自己禱告，然後彼此為對方的事大聲或默默禱告。
- 或問他們的配偶，自己要以怎樣的方式來為彼此所擔心的事表示支持。

9:40 以簡短的禱告作結束

第四課　寬恕的大能

1）概述

當我們彼此傷害後，道歉與寬恕是恢復信任與親密的主要途徑。這一堂課能幫助夫婦為過去和現在的傷痛進行道歉與寬恕。

2）資源

婚姻手冊——第5節
美滿婚姻課程——錄影帶2，第四課
美滿婚姻課程——錄音帶4
美滿婚姻課程講員筆記和CD筆記放映——第四課

3）核對清單

參照第一課

備用來賓手冊
視覺教具（現場演講）：活頁式筆記本

4）時間表

傍晚6:45開始	以飲料迎接來賓
7:00	用餐
7:35	課前提示／檢討

- 檢討第1-3課──要求夫婦問對方，在手冊中有關「提醒」的部分，有哪一點是他認為對自己的婚姻是最重要的。
- 「討論他們在過去兩個星期內，雙方是否能夠一起解決問題，而不是彼此攻擊和批評。」

7:40	演講：親密關係怎會消失呢？──如何恢復親密關係？ 1）確認傷害 2）道歉
8:10	見證（現場或第四課的錄影帶）
8:15	解釋練習，並簡短地禱告，尋求上帝的幫助
8:20	練習：確認懸而未決的傷害（桌子旁）
8:55	提前5分鐘通知後，再開始作結論
9:00	結語：如何恢復親密關係？（續） 3）寬恕 4）重新開始
9:25	鼓勵夫妻做功課，以完成這程序開始時所說的確認未處理的傷害。讓夫婦有機會為自己的配偶代禱，或用其他方式表示他們對彼此的支持
9:30	以簡短的禱告作結束，然後鼓勵夫婦為下個星期安排「婚後時間」

第五課　雙方的父母

1）概述

幫助夫婦釐清他們的家庭背景怎樣影響到彼此的關係，並探討如何與雙方的父母和姻親家庭建立良好和健全的關係。

主領必須認識到，這一課可能會讓過去懸而未決的傷害浮現出來，他們處理問題所需的時間可能比課程預定的時間更長。

2）資源

婚姻手冊──第6節
美滿婚姻課程──錄影帶3，第五課
美滿婚姻課程──錄音帶5
美滿婚姻課程講員筆記和CD筆記放映──第五課

3）核對清單

參照第一課
備用來賓手冊
每個桌子上有一袋10個小硬幣（供練習「反映你的成長歲月」時用）

4）時間表

傍晚6:45開始	以飲料迎接來賓
7:00	用餐
7:35	課前提示／檢討

- 鼓勵夫婦在碰到任何課程中的疑問時求助，尤其是今晚的課題。
- 看看手冊中這個星期的「提醒」部分，告訴你的配偶：「你善於……」或「我必須」，而不是「你必須……」。

7:40	演講：引言──成長過程──建立健全家庭關係的1─5個原則
8:15	丈夫與妻子討論建立健全家庭關係的五個原則
8:20	演講：建立健全家庭關係的第6個原則
8:30	見證（現場或第五課的錄影帶）
8:35	解釋練習──反映你的成長歲月（若有的話，使用投影器材演示如何使用硬幣）
8:40	練習：反映你的成長歲月（桌子旁）
9:10	結語：醫治童年的傷痛
9:20	幫助那些仍然帶著童年傷痛的來賓，帶領來賓禱告，表示寬恕父母或他人（根據《婚姻手冊》第15章），然後祈求上帝醫治傷痛
9:25	給來賓機會為配偶禱告或以其他方式表示支持（在結束前主動提議與一位來賓交談，並且／或者跟他／她一起禱告。他們也可能安排在本星期的其他時間這樣做）
9:30	以簡短的禱告作結束，然後鼓勵夫婦安排下星期的「婚後時間」

第六課　美好的性生活

1）概述

親密的性行為需要努力經營和發展。夫婦都能夠就他們的期望和失望進行交流，並且認清他們需要做出改變的地方。

自行演講的主領必須能夠毫不尷尬地談論這件事，還不忘加入一些不過火的幽默感。這能幫助來賓公開、自在地探討婚姻關係中有關性的問題。

2）資源

婚姻手冊──第7節
美滿婚姻課程──錄影帶3，第六課
美滿婚姻課程──錄音帶6
美滿婚姻課程講員筆記和CD筆記放映──第六課

3）核對清單

參照第一課
備用來賓手冊
美滿婚姻課程晚宴邀請函

4）時間表

傍晚6:45開始	以飲料迎接來賓
7:00	用餐（在每張椅子上放一封美滿婚姻課程晚宴邀請函，同時預備多份邀請函供索取）
7:35	課前提示／檢討

- 鼓勵來賓邀請另一對夫婦出席課程結束前的晚宴，解釋當晚的程序和節目。如果他們不只想邀請一對夫婦，就鼓勵他們索取更多邀請函。
- 夫婦一起交流：「在上一課──雙方的父母中，對你來說什麼是最重要的？」

7:40	演講──引言──成為好愛人的六種素質 1）溝通的重要性
8:05	夫婦問對方，這一課到目前為止哪方面對他們有重要意義？
8:10	演講：成為好愛人的六種素質（續） 2）溫柔的重要性 3）反應敏銳的重要性 4）浪漫的重要性
8:25	告訴配偶，到目前為止最浪漫的共處時光是什麼時候？
8:30	演講：成為好愛人的六種素質（續） 5）期盼的重要性 6）多樣化的重要性
8:40	見證（現場或第六課的錄影帶）
8:50	練習：談論性生活（桌子旁）
9:20	結語：保護我們的婚姻
9:30	給來賓機會，讓他們為配偶禱告或以其他方式表示支持（如果夫妻曾在性關係傷害對方，建議此時可能是

一個適當的時刻來道歉並／或表示寬恕對方）

9:35 以簡短的禱告作結束，然後鼓勵夫婦安排下星期的「婚後時間」

第七課　讓愛長存

1）概述

有五種方式可以表達愛情——動聽的話語、精心的時刻、身體的接觸、貼心的禮物和服務的行動。夫婦會發現哪種表達愛情的方式對配偶是最重要的，以及如何始終如一地向他們示愛。

2）資源

婚姻手冊——第3節
美滿婚姻課程——錄影帶4，第七課
美滿婚姻課程——錄音帶7
美滿婚姻課程講員筆記和CD筆記放映——第七課
蓋瑞·巧門的《愛之語》

3）核對清單

<u>備用來賓手冊</u>
問卷（每人一份）
數份美滿婚姻課程晚宴邀請函
下屆美滿婚姻課程邀請函
送給「工作小組」的禮物

4）時間表

傍晚6:45開始 以飲料迎接來賓

7:00　用餐（在每張椅子上各放一份問卷）

7:35　檢討

- 要求來賓填寫問卷，讓他們在本課結束時完成。

7:45　課前提示

- 感謝工作小組，並把禮物送給每個禮拜前來幫忙的人，尤其是未婚者。
- 提醒來賓把握機會邀請其他夫婦參與美滿婚姻課程晚宴。
- 鼓勵來賓索取下屆美滿婚姻課程的邀請函，以邀請朋友參加（尤其是當他們無法來參加晚宴）。
- 若來賓在課程中發現某方面有困難的話，鼓勵他們尋求進一步的幫助（可以把這些輔導機構的詳情資料單，包括專門從事性治療的機構，放在書籍展示桌，以供那些不好意思找主領交談的來賓夫婦取閱）。
- 鼓勵他們完成本課程中任何無法做完的作業。
- 如果來賓想進一步探索基督信仰，可以給予相關資料（例如將啟發課程的邀請函放在桌上，並且向大家解釋，啟發課程是按照類似美滿婚姻課程的方式進行的，唯那些演講過後所做的討論是以小組進行）。

7:50　演講：引言——動聽的話語、貼心的禮物、身體的接觸

8:20　夫妻告訴對方，上述哪一樣對他們來說是最重要的（或認為對方送的哪一份禮物是最好的）

8:25　演講：精心的時刻、服務的行動

8:35　見證（現場或第七課錄影帶）

8:40　解釋練習：發掘配偶和自己的「愛之語」

8:45	練習：發掘配偶和自己的「愛之語」（桌子旁）
9:15	要求來賓填寫問卷
9:20	結語
9:30	以簡短的禱告作結束，然後鼓勵夫婦安排下星期的「婚後時間」 在來賓離開前收回問卷

第八課　美滿婚姻課程晚宴

1）概述

目的是讓來賓有一個愉快的晚上，並且有機會聽到美滿婚姻課程的介紹，知道這課程將能幫助自己的婚姻，不論他們決定自己來參加這課程與否。用餐時間將加長，比起往常的夜課，演講時間縮短了，而且不必做練習。

晚宴可以有效地介紹夫婦參加美滿婚姻課程，因為比起報名參加全系列的課程來說，多數人較喜歡只來一晚，聽聽有關婚姻的課題。許多來賓後來都報名參加了美滿婚姻課程。

2）資源

美滿婚姻課程——錄影帶4，第八課
美滿婚姻課程——錄音帶8（只能用第二版）

3）核對清單

投影器材（如果使用美滿婚姻課程的街頭採訪和見證錄影帶）
音樂（演講前後）
飲料
食品
茶和咖啡
桌子（每張約坐8-10人）
桌布、餐巾、蠟燭和燭臺
鮮花
下屆美滿婚姻課程邀請函

4）時間表

7:30	以飲料迎接來賓
8:00	用餐
8:50	演講：什麼是婚姻成功之道？
9:25	由3或4對完成本屆課程的夫婦作見證（或使用第八課錄影帶）
9:35	結語

為來賓送上咖啡或茶，並分發邀請函請他們參加下屆課程

附錄一：房間佈置之建議

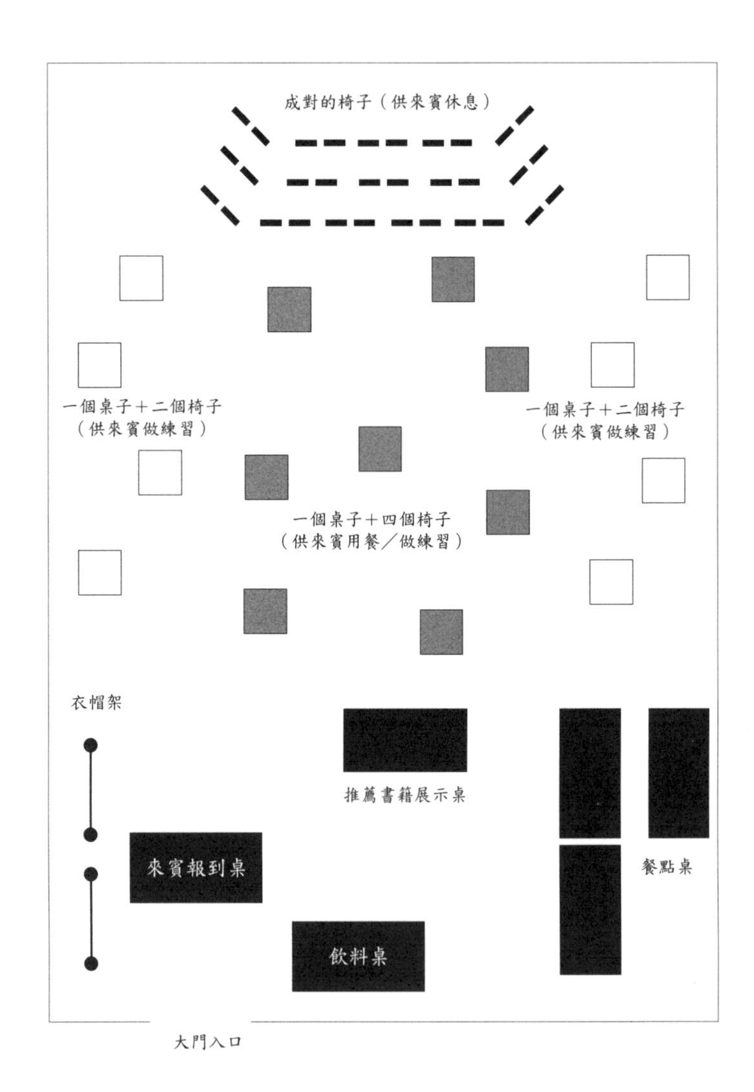
成對的椅子（供來賓休息）
一個桌子＋二個椅子
（供來賓做練習）
一個桌子＋二個椅子
（供來賓做練習）
一個桌子＋四個椅子
（供來賓用餐／做練習）
衣帽架
推薦書籍展示桌
來賓報到桌
餐點桌
飲料桌
大門入口

附錄二：適合的音樂──範例

當夫婦在做練習和討論問題時，所播放的背景音樂，其音量大小必須均衡。否則，當音樂輕柔時，夫婦的談話會被旁人聽到，而當音樂高亢時，又無法聽到對方所說的話。我們使用了各種古典及現代的音樂，目的是為了讓音樂的氣氛配合各個練習的性質。

在夜課結束時，背景音樂需要相對地輕柔，因為從第三課開始，來賓將有機會為自己的配偶禱告。下列清單只供參考之用。所要使用的音樂類型應有多樣性，以符合不同音樂品味的來賓。

第一課

在用餐和作短時間的練習時：莫札特—協奏交響曲K.364和K.297b和迴旋曲K.269

長時間練習時：巴赫的長笛協奏曲

結束：皮安迪和戴夫—「詩篇、讚美詩和聖詩」（第3首）

第二課

在用餐和作短時間的練習時：恩雅—「牧羊人之月」

長時間練習時：阿爾比諾尼—「第12協奏曲，作品9」

結束：阿爾比諾尼—「第12協奏曲，作品9」

第三課

在用餐和作短時間的練習時：莫札特—圓號協奏曲

長時間練習時：劍橋三一學院唱詩班—Voc

結束：劍橋三一學院唱詩班—Voc

第四課

在用餐和作短時間的練習時：「為我所愛的人—十二首愛的歌曲」—君士威音樂

長時間練習時：布邁爾—「完美的時間」

結束：基督教獨奏藝術家（例如馬丁約瑟夫—「在這裏」—輕柔版）

第五課

在用餐和作短時間的練習時：莫札特—長笛協奏曲1和2；長笛／豎琴協奏曲

長時間練習時：巴赫的「雙協奏曲1043，1044，1055，1060」

結束：艾約拿「開放天空」—輕柔版

第六課

在用餐和作短時間的練習時：神的應許—「竭誠為主」

長時間練習時：巴赫的「雙簧管協奏曲」

結束：皮安迪和戴夫—「詩篇、讚美詩和聖詩」（第7首）

第七課

在用餐和作短時間的練習時：賈吉夫—「與你共處夜未央」

長時間練習時：巴赫的「小提琴協奏曲」

結束：皮安迪和戴夫—「詩篇、讚美詩和聖詩」（第14首）

附錄三：美滿婚姻課程邀請函

美滿婚姻課程

~如何建立一個健康永久的婚姻~

什麼是美滿婚姻課程？

這是一套實用的課程，能幫助夫妻建立健全而持久的婚姻關係。透過八個晚上，夫妻可以一起討論重要議題、以及許多懸而未決的生活事項。

課程尊重夫妻之間的隱私，因此沒有團體討論，也不會要求夫妻將婚姻關係中的任何層面透露給其他人。

本課程包含了什麼？

每次課程由用餐開始，接著是簡短演講，期間以練習和問題分段隔開，讓伴侶討論。上課環境是愉快、輕鬆，且不具威脅性的。

誰能夠參與本課程？

美滿婚姻課程是為那些願意一起致力於婚姻關係的夫妻所設的。特別是：

- 想強化婚姻關係的夫妻
- 結婚五年內的夫妻
- 婚姻出現挑戰事項，如子女出生、工作轉換、家有青少年、空巢期等
- 在婚姻受苦的夫妻

這是以基督信仰為原則的課程，但對於基督徒或沒有信仰背景的人來說，都是非常有幫助及重要的課程。

報名表

姓名：

地址：　　　　　　　　　　E-mail：

日間聯絡電話：

你們從哪裏得知這個課程？

你們結婚的年數：

你們是教會的會友嗎？是/否（若是，你們所屬的教會是：　　　）

已隨報名表附上課程費用，金額是：

~期待與您們在課程中見面！~

附錄四：美滿婚姻課程問卷（A4尺寸，雙面）

美滿婚姻課程

這份問卷對我們發展這個課程有很大的幫助。請盡可能詳盡地回答，**這份問卷可以匿名作答。**

姓名（可匿名）：________________________ 結婚時間：______________

1. 你如何知道美滿婚姻課程？
   布普頓聖三一堂 ☐　婚姻手冊 ☐
   別人推薦 ☐　其他教會 ☐
   網路 ☐　其他 ________________________________
2. 你是教會的會友嗎？ 是 ☐　否 ☐
   如果是，是哪一所教會？________________________________
3. 在你參加本課程以前，你的婚姻中有哪方面的問題？
4. 本課程怎樣幫助及改善你的婚姻？（如果有）
5. 你在課程中學到的最重要的部分是什麼？
6. 你最喜歡課程的哪個部分？
7. 你覺得哪個部分最困難？
8. 你是否設法完成作業？是 ☐　否 ☐
   若是，這對你有什麼幫助？
9. 在上課中，你是否設法每週安排一段固定的婚後時間？
   若是，這對你有什麼幫助？
10. 我們可以如何改善本課程？

上課時間	場次	課程名稱	請圈出一個數字，指出本課程對你的幫助。（1=「沒有幫助」至 5=「非常有幫助」）	請解釋這堂課爲什麼對你有／或沒有幫助？
1/19	第一課	建立穩固根基	1 2 3 4 5	
1/26	第二課	溝通的技巧	1 2 3 4 5	
2/2	第三課	化解衝突	1 2 3 4 5	
2/9	第四課	寬恕的大能	1 2 3 4 5	
2/23	第五課	雙方的父母	1 2 3 4 5	
3/1	第六課	美好的性生活	1 2 3 4 5	
3/8	第七課	讓愛長存	1 2 3 4 5	

其他的意見：____

附錄五：好書推薦

蓋瑞・巧門，愛之語（中國主日學協會出版）
Gary Chapman, The Five Love Languages (Northfield Publishing 1995)

蓋瑞・巧門，愛、憤怒、寬恕（基文社出版）
Gary Chapman, The Other Side of Love–Handling Anger in a Godly Way（Moody Press 1999）

蓋瑞・巧門，破鏡可重圓？──離異者的盼望（天道書樓出版）
Gary Chapman, Hope for the Separated （Moody Press 1982）

甘力奇，三十日查經
Nicky Gumbel, 30 Days （Alpha International, 1999）

甘力奇，啟發──生命對答
Nicky Gumbel, Alpha – Questions of Life （Kingsway 1993）

李力奇和李希拉，婚姻手冊
Nicky and Sila Lee, The Marriage Book （Alpha International 2000）

梅麥克，比翼雙飛（校園書房出版）
Mike Mason, The Mystery of Marriage （Triangle 1997）

裴若博，突破愛情困境
Rob Parsons, Loving Against the Odds （Hodder & Stoughton 1994）

羅伯・帕森斯，60分鐘改變你的婚姻（愛家基金會出版）
Rob Parsons, The Sixty Minute Marriage （Hodder & Stoughton 1997）

白瑪麗，昨日之子
Mary Pytches, Yesterday's Child （Hodder & Stoughton 1990）

艾德・惠特夫婦，濃情蜜意（原書名：閨房之樂）（校園書房出版）
Ed and Gaye Wheat, Intended for Pleasure （Scripture Union 1979）

艾德・惠特夫婦，夫妻之愛（大光出版）
Ed and Gaye Wheat, Love Life for Every Married Couple （Marshall Pickering 1984）

楊腓力，恩典多奇異（校園書房出版）
Philip Yancey, What's So Amazing About Grace?（Zondervan Publishing House 1997）

每日亮光
Daily Light （Tyndale Press 1999）